Jessica Störmer

Nur Mut, Kurt!

Be Brave, Kurt!

Edition bi:libri

Auf Kurts Nase thront eine große Brille.
Und Kurt trägt am liebsten
Papas grüne Krawatte.
Die mit den pinken Punkten drauf.
Eine graue Maus ist er eigentlich nicht.
Und doch ist heute wieder so ein verflixter Tag,
an dem er sich fühlt
wie ein vergessener Krümel
auf einem leeren Kuchenteller.

A big pair of glasses reigns over Kurt's nose.
And Kurt loves to wear his dad's green tie.
The one with the pink dots on it.
He doesn't exactly blend in
with the background or anything.
Still, today is another one of those darned days
when he feels like a forgotten crumb
on an empty dessert plate.

Das nervt ihn ganz gewaltig.
Vielleicht ist er ein kleines bisschen schüchtern,
aber doch schließlich nicht unsichtbar!

That really, seriously irritates him.
Maybe he's a little bit shy,
but he's not invisible!

Kurt würde auch
gerne mit den anderen
aufregende Abenteuer im Garten erleben.
Aber niemand hat ihn dazu eingeladen.
Morgen wird er sichtbar werden, beschließt er.
Morgen wird er all seinen Mut zusammennehmen
und beweisen, dass er so stark sein kann
wie Emma. Denn keiner ist so stark wie sie.

Kurt would love to go on exciting adventures
in the yard with the others.
But no one's invited him.
Tomorrow he'll be seen, he decides.
Tomorrow, he'll gather up all his courage
and prove that he can be just as strong as Emma.
Because no one is as strong as Emma.

Am nächsten Morgen packt er
die schwere, rote Gießkanne.
Er hebt sie in die Höhe und versucht
furchtbar stark auszusehen.
Doch Emma ist so stark, dass sie
einen ganzen Elefanten stemmen kann.
So sehr Kurt sich auch anstrengt,
die anderen kann er mit seiner Stärke
nicht beeindrucken.

The next morning he grabs
the heavy, red watering can.
He lifts it into the air and tries
to look terribly strong.
But Emma is so strong
that she can lift
a whole elephant.
No matter how hard
Kurt tries, he can't
impress the others
with his strength.

Kurt grübelt.
Beim Stricken kann er das besonders gut.
Vielleicht wird es eine Mütze
oder ein Paar Socken.
Morgen wird er sichtbar werden, beschließt er.
Morgen wird er allen zeigen,
dass er so gut tanzen kann wie Klaus.
Denn keiner tanzt so gut wie er.

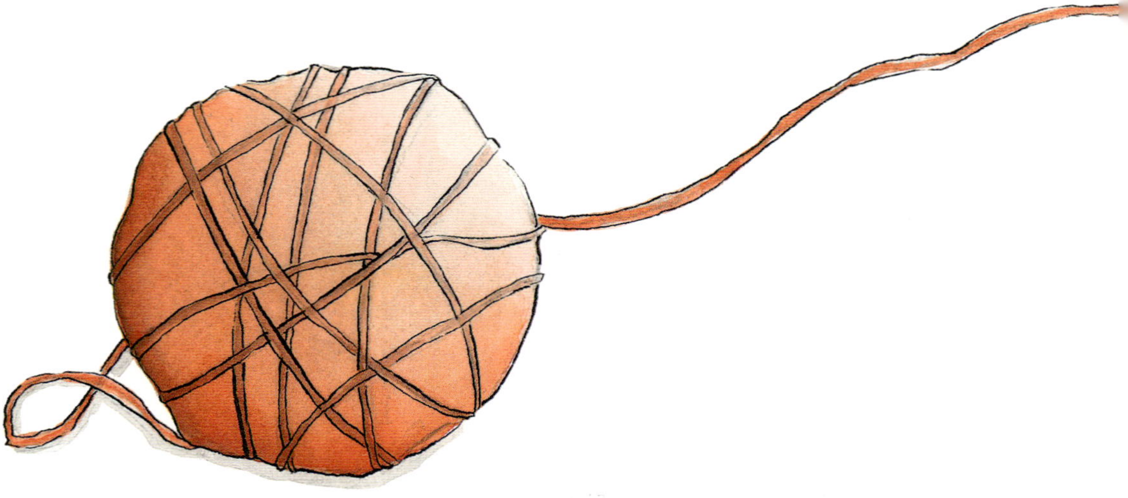

Kurt mulls it over.

It's something he does best while knitting.

Maybe he'll end up making a hat or a pair of socks.

Tomorrow he'll be seen, he decides.

Tomorrow, he'll show everyone

that he can dance just as well as Claude.

Because no one dances as well as Claude.

„Nur Mut“, denkt Kurt
und schnappt sich sein kleines Radio.
Zur Musik wirft er Arme und Beine
schwungvoll in die Luft und versucht,
wie ein Profi-Tänzer auszusehen.
Das sieht gar nicht schlecht aus, aber
trotzdem haben alle nur Augen für Klaus.

“Be brave,” thinks Kurt and he grabs
his little radio. He swings his arms and legs
through the air to the music and tries to look
like a real dancer. It doesn’t look half bad,
but the others only
have eyes
for Claude.

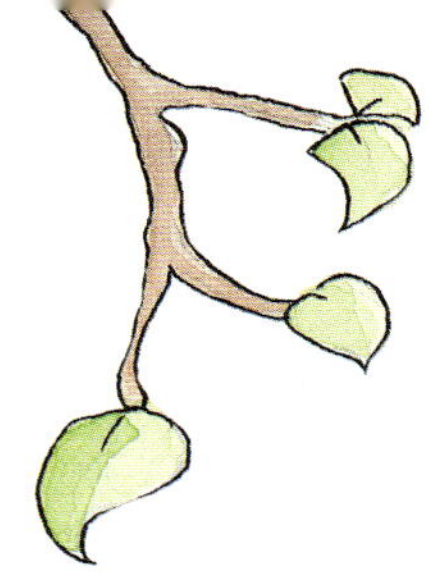

Kurt denkt nach.
Beim Hämmern kann er das besonders gut.
Vielleicht wird's eine kleine Kiste,
in die man Schätze packen kann.
Morgen wird er sichtbar werden, beschließt er.
Morgen wird er ein besseres Pausenbrot machen
als Tom. Denn keiner macht
so leckere Pausenbrote wie Tom.

Kurt thinks it over.
It's something he does best while hammering.
Maybe he'll end up making a little crate
that he can keep small treasures in.
Tomorrow he'll be seen, he decides.
Tomorrow, he's going to make
a better sandwich than Tom.
Because no one makes
such tasty sandwiches
as Tom does.

Am nächsten Morgen rennt Kurt aufgeregt
mit einem riesigen Pausenbrot zur Schule.
Er hat sich große Mühe gegeben.
Doch Tom ist längst da.
Sein Pausenbrot sieht heute
ganz besonders lecker aus.
Es ragt aus einem Bollerwagen
hoch in die Luft und es riecht herrlich
nach Gurke und Käse und Wurst und Ei
und Butter und Salat und …

The next morning, Kurt runs to school all excited
with his huge sandwich. He's taken great pains with it.
But Tom is already there.
His sandwich looks especially tasty today.
It towers out of his wagon high into the sky
and it smells wonderfully of cucumber
and cheese and bologna and egg and butter
and lettuce and...

Kurt zerbricht sich
den Kopf. Beim Reparieren
kann er das besonders gut.
Der Roller stand auch schon viel zu lange herum.
Morgen wird er sichtbar werden, beschließt er.
Morgen wird er besser pusten als Anne.
Das müssen die anderen einfach super finden,
denn keiner pustet besser als Anne.

Kurt wracks his brains. It's something
he does best while repairing stuff.
His scooter has been lying around here too long
already. Tomorrow he'll be seen, he decides.
Tomorrow, he'll blow more air than Anne.
The others just HAVE to think that's cool,
because no one can blow air better than Anne.

Am nächsten Tag atmet Kurt ein und **ein** und **ein**
und bläst einen riesigen Luftballon auf.
Aber Anne ist gerade damit beschäftigt,
die anderen Kinder durch die Luft zu wirbeln,
und merkt nicht einmal, dass Kurt hinter ihr steht.

The next day,
Kurt takes a really, **really**, **really**
big breath and blows up a huge balloon.
But Anne is already busy whirling
the other kids through the air
and doesn't even notice
that Kurt is standing behind her.

Es ist zum
Mäusemelken,
denkt Kurt.
Um nicht verrückt zu werden,
bastelt er sich eine kleine Laterne.
Eine Laterne kann man immer
gut gebrauchen, vor allem,
wenn es dunkel wird.
Morgen wird er sichtbar werden, beschließt er,
und besser rechnen als Theo.
Denn keiner, aber wirklich keiner,
rechnet besser als Theo.

It's enough to drive you up the wall, thinks Kurt.
So to keep himself from going nuts, he builds
a little lantern. A guy can always use a lantern,
especially when it gets dark.
Tomorrow he'll be seen, he decides,
and he'll do harder math problems than Theo.
Because no one, but no one,
does math better than Theo.

Kurt konzentriert sich.
Dann fängt er an,
laut zu rechnen: 1 mal 7 ist 7,
2 mal 7 ist 14, 3 mal 7 ist 21 …
Bei 12 mal 7 wird ihm schwindelig.
Aus weiter Ferne hört er,
wie Theo 1246 mal 260 rechnet.

Kurt concentrates. Then he starts multiplying out loud: 1 times 7 is 7, 2 times 7 is 14, 3 times 7 is 21… By the time he reaches 12 times 7, he's getting dizzy. From afar he hears Theo multiplying 1246 times 260.

Am Nachmittag
ist Kurt ganz erschöpft.
Er sitzt traurig zwischen
seinen Basteleien: ein langer Schal, eine Kiste,
ein reparierter Roller und eine Laterne.
Kurt denkt nach. Damit müsste sich doch
etwas machen lassen.

That afternoon Kurt feels exhausted.
He sits unhappily in the middle of his handicrafts:
a long scarf, a crate, a repaired scooter
and a lantern. Kurt thinks it over.
There's got to be something
a guy could make out of all this.

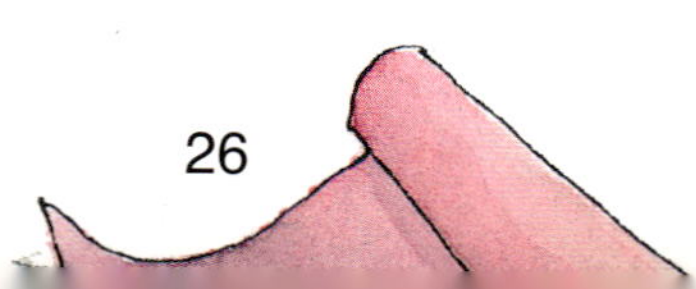

Kurts Blick fällt auf die Wäscheleine.
Dann nimmt er den Roller …
und den Schal …

Kurt notices the clothes line.
Then he takes the scooter…
and the scarf…

… und nun noch die Kiste …
und schließlich die Laterne …

…then the crate, too…

and finally the lantern…

„Juhuu!“, schreit Kurt
und flitzt wie ein Wilder durch den Garten.
Pausenlos saust er hin und her
und merkt gar nicht, dass Emma, Theo, Tom,
Klaus und Anne am Gartenzaun stehen.
Die kriegen vor Staunen den Mund nicht mehr zu.

"Woohoo!" shouts Kurt and he whizzes like a madman through the yard. He speeds back and forth nonstop and doesn't even notice that Emma, Theo, Tom, Claude and Anne are standing at the fence, their jaws dropped open in amazement.

Jeder will mal mit der Seilbahn fahren,
und Kurt muss ihnen haarklein beschreiben,
wie er sie gebaut hat.
Alle finden, dass Kurt
der lustigste und beste Erfinder
überhaupt ist.

They each want to go for a ride on his cable car, and they make Kurt tell them, in exact detail, how he built it. They all agree that Kurt is the funniest and best inventor of all.

Kurt ist glücklich.
„Aha!“, denkt er verblüfft,
„vielleicht braucht man manchmal
nur ein bisschen Mut,
um den anderen zu zeigen,
was man SELBST
am besten kann!“

Kurt is happy.
"Hey!" he thinks surprised,
"maybe you just have to be
a little brave and show
what YOU can do best!"

Leserätsel

Hast du die Geschichte genau gelesen?
Dann kannst du sicher die folgenden Fragen beantworten. Setze den Buchstaben vor der richtigen Antwort in die unten stehenden Kästchen ein und du bekommst ein Lösungswort.

1. Was trägt Kurt am liebsten?

A: die Krawatte seines Vaters
D: die Brille seiner Mutter
R: die Tanzschuhe von Klaus

2. Was kann Emma vom Boden heben?

L: eine Gießkanne
Q: einen Schal
B: einen Elefanten

3. Wer kann am besten tanzen?

I: Kurt
E: Klaus
O: Anne

4. Was findet man nicht in Toms Pausenbrot?

S: Käse
N: einen Roller
P: Ei

5. Was pustet Kurt auf?

W: einen kleinen Luftballon

G: eine Plastiktüte

T: einen großen Luftballon

6. Was kann Theo besonders gut?

E: Rechnen

I: Stricken

C: Backen

7. Was baut Kurt?

B: eine Sandburg

Y: ein Radio

U: eine Kiste

8. Was baut Kurt NICHT?

E: ein Baumhaus

F: eine Laterne

M: eine Seilbahn

9. Wer darf in Kurts Seilbahn mitfahren?

H: nur Kurt

R: alle Kinder

K: keiner

Lösungswort:

1	2	3	4	5	6	7	8	9

Word puzzle

Did you read the story carefully?
Then you can probably answer the following questions. Put the letter of the right answer into the boxes below and they will spell out an answer word.

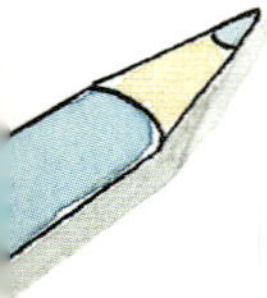

1. What does Kurt love to wear?

I: his dad's tie
L: his mom's glasses
C: Claude's dance shoes

2. What can Emma lift off the ground?

S: a watering can
M: a scarf
N: an elephant

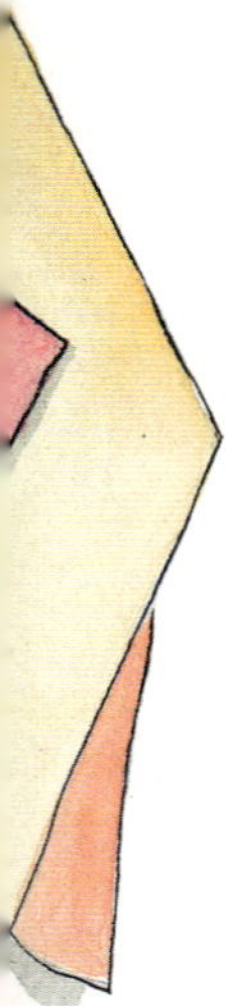

3. Who can dance better than anyone else?

H: Kurt
V: Claude
J: Anne

4. What doesn't Tom put in his sandwich?

U: cheese
E: a scooter
A: egg

Answer: INVENTION